연꽃 피던 날

연꽃 피던 날

전병덕 세 번째 시집

# 머리글

글을 쓰는 걸
좋아하긴 했습니다.
책 읽는 것도 좋아하긴 했고요.

그러나,
시를 읽고 쓴다는 건
나와는 전혀 상관없는 일로
알고 지내왔었습니다.

이러던 내가
시인으로 등단도 하고
시집을 세 권이나 내게 되다니
상상이나 해봤겠어요?

어찌 되었거나
'농부시인', '연꽃시인'으로
이름이 알려지는 되었을 뿐만 아니라

이제는
시인으로, 문학인으로, 문학회 임원으로
이름값이라도 하려고 애쓰고 있습니다.

나를 이렇게까지
단단한 반열 위에 올려놔 주시고
도와주신 모든 분께 진심으로 감사드립니다.

                      2025년 9월 마지막 주말에
                      시인 淸雲 전 병 덕

차 례

머리글/ 4

제1부 그대는 그 산을 넘어갔다/ 13

봄날의 이별/ 15
뭔가 보았다/ 16
그대는 그 산을 넘어갔다/ 18
자운영꽃/ 20
오월의 낙조대/ 22
밤나무 꽃향기/ 24
영종도 해당화꽃/ 25
초저녁 풍경/ 26
바람의 속삭임/ 28
초승달/ 30
오월의 기도/ 32
오월에 내린 비/ 34
사월의 햇살/ 36
꽃이 진자리/ 38

제2부 **봄은 만삭입니다**/ 41

봄이 떠난 자리/ 43
봄을 비비다/ 44
갑사 가는 길/ 46
봄의 향기/ 47
봄의 출산/ 48
봄을 요리하다/ 50
봄이 오는 소리/ 52
춘설의 환청/ 54
입춘 바람/ 55
봄은 만삭입니다/ 56
장 담글 때를 위한 준비/ 58
아름다운 세상/ 60
전생 속으로 여행/ 62
입춘 바람/ 64

제3부 푸른 종소리/ 65

바람/ 67
말복 날 저녁/ 68
푸른 종소리/ 70
여름과 가을 사이/ 72
배롱나무꽃/ 74
비 갠 날/ 76
7월의 마지막 날/ 78
장마/ 80
비가 갠 오후/ 81
여름꽃/ 82
한여름의 밤/ 84
붉은 아침/ 85
장마와 어머니/ 86
영토의 울음/ 87
북두리 새벽/ 88
연꽃 피던 날/ 90

제4부 노을 속의 님/ 93

산/ 95
가을 숲/ 96
가을 등산/ 98
불타는 단풍/ 100
가을의 향기/ 101
가을 그리움/ 102
보내는 마음/ 104
가을 이별/ 106
그리운 고향 친구야/ 108
노을 속의 님/ 110
진관사/ 112
가을 하늘/ 114
저녁노을/ 115
가을이 좋다/ 116

제5부 **계절의 교대 의식**/ 119

가을 수채화/ 121
빈 들판/ 122
시월의 바람/ 124
한가위에 내린 비/ 126
빠이빠이 여름/ 128
한가위/ 130
가을이 오는 서해 뜰/ 132
夏秋비/ 133
계절의 교대 의식/ 134
마지막 잎새/ 136
아름다운 추억/ 138
저녁노을에 스치는 바람/ 140

제6부 **북두리의 겨울**/ 141

겨울 창가/ 143
겨울 저수지/ 144
초겨울 바람/ 146
겨울꽃/ 148
북두리 겨울/ 150
겨울 여행/ 152
겨울밤/ 154
갈대꽃의 달빛 사랑/ 156
눈이 녹고 있다/ 158
초겨울에 비가 내려/ 160

제7부 **먼 산에 안개 걷히고**/ 163

기다림/ 165
감자수제비/ 166
좋은 친구/ 168
초저녁달/ 170
어머니의 밥상/ 172
남당리 저녁/ 174
먼 산에 안개 걷히고/ 176
나비야 날자/ 178
편지/ 180
욕망/ 182
건조기가 필요해/ 184
행복한 시간/ 185
음식 철학/ 186
젊은 날/188
시작과 끝/189

에필로그_어머니께 바치는 헌시/ 190

제1부 그대는 그 산을 넘어갔다

봄날의 이별
뭔가 보았다
그대는 그 산을 넘어갔다
자운영꽃
오월의 낙조대
밤나무 꽃향기
영종도 해당화꽃
초저녁 풍경
바람의 속삭임
초승달
오월의 기도
오월에 내린 비
사월의 햇살
꽃이 진자리

봄날의 이별

초록이 짙어지는 날
나는 세상과 이별을 하고 싶었다

내 꿈을 꽃잎에 싣고
어디론가 떠나보낸다

서로의 미련을 내어주는
이별 의식을 한다

그렇게 제몫을 다한 꽃들은
세상과 이별을 하는
오월의 아침입니다

뭔가 보았다

뭔가 보았다
철새의 군무를 본 것 같다
꽃을 피우려는 망울들의
실눈 뜬 모습도 보았다

며칠간의 우중충한 흐린 날의
기운들을 거두고 나서
차가운 바람의 기운으로 시샘을 한다

시골에서 농사짓는 늙은이는
봄을 기다리느라
벚나무 그림자에 기대어
죽은 나뭇가지를 자를 준비를 한다

마당 귀퉁이 돌틈에 심은
두견화가 입술을 내밀고
실눈 뜨고 주변을 살필 때
길고양이 한 마리가 비웃고 지나간다

봄은 그렇게 여러 가지 색깔로
뛰어오는 소리가 시끄럽게 들린다

그대는 그 산을 넘어갔다

춘설이
수북하게 폭설이 내리고
내가 사는 동네를 모두 삼켰던
순백의 독한 이빨을 드러냈던
엄동설한도 끝까지 쌓일 듯 했습니다

3월이
오고 계곡마다
폭포가 힘을 내는가 했는데
한순간에 당신은 녹아 없어질 줄 알았는데
운이 좋게 그 산을 넘어가는 걸 보았습니다

어제는
가벼운 걸음으로
그 산 아래를 걸었습니다
얼어 죽은 것만 같던 나뭇가지들이
녹두 알 만하게 초록 미소를 품은 것이
가지마다 수없이 매달려 있는 것을 보았습니다

그렇게
당신을 떠나보내는
의식을 할 때 나무들의 눈빛과
새들의 눈빛을 생각하니 내 눈에는
어느새 눈물이 흘리고 말았습니다

그대를
보내는 마음으로
그 산에 갔을 때 그 산은 벌써
나무들의 가슴을 풀어헤치고
울음도 모두 잊어버렸습니다

그렇게
아름다운 3월이 오는
의식을 마치고 그대로 행복하게
좋은 친구처럼 한없이
사랑하며 살기로 했습니다

자운영꽃

봄이 오고 가는 동안
산 넘고 들길도 지나고
강도 건넜다

그 사이 꽃이 피고 잎이나고
열매가 귀엽게 매달렸다

후미진 곳까지 구석구석을
꽉 채운 것 같다

강한 햇살이 드리운 날은
파스텔 톤 그림을
그리고 지나갔다

산 넘어서 흰 구름이
먹물을 묻힌 붓으로
그림을 지우고 지나간 후
바라본 것은 구름 아닌 붓이다

빗줄기가 지나간 후
동네의 색깔이 바뀌고 있다
자운영꽃이 작은 연꽃처럼
붉게 피었다

유년 시절 봄날의 밥상이 그립다
자운영도 나물이 되어 밥상에 올랐다

보글보글 잘 끓여진 된장찌개와
이것저것 나물이 들어간 양푼에
밥은 비벼지고 된장찌개 한 숟갈은
그야말로 보약 그 자체의 양분이 되었다

자운영을 한 짐 지고 들어오면
꽃대가 안 선 것은 추려서 한 바구니는
우리가 먹는 나물이 되고
나머지는 소가 먹고 돼지도 먹었다
그때가 보릿고개였던 것 같았다

오월의 낙조대

초록 잎새들이
오월의 연한 바람을 갖고 논다
그 바람 사이로 초록들은
짙어지고 무거워지는 중이다

어제 나는 영종도에서
초록들 틈으로 먼 바다를 보았다

한낮의 장렬했던 태양도
수그러들어 서녘으로 기울어지고
넓은 바다에 금가루를 뿌려놓고
여유롭게 노니는 것을 보고 말았다

오월의 혁명 같은 초록과 꽃들도
나와 똑같은 마음으로
햇빛을 보았을 것이다

바다 가운데 날카롭게 솟은
바위도 반짝이는 석양을 볼 때
나 같은 생각을 할 것이다
참 아름답다고 감탄하는 것 같다

한마디로 낙조대의 석양은
금가루를 뿌려놓은 실크천 같다
사납던 파도를 다림질한 것처럼
아름다운 곳 영종도 낙조대의
석양은 참 아름답다

밤나무 꽃향기

쓸쓸했던 내 가슴에
밤나무꽃이 피었다
산딸나무꽃과 같이 핀다

짙은 향기가
텅 빈 가슴의 계단에 걸터앉아
그동안 그리워했던 사연을
실컷 토해냈는지 짙은 냄새다

그동안 삼켜버린 눈물도 많아서
오늘도 녹슨 가슴을
후벼 파는 밤이 될 것 같다

밤꽃이 필 때면
내 가슴에 못 박아놓고 떠난
그 사람이 더 그리운 밤이다

영종도 해당화꽃

며칠 전
바닷가에서 해당화를 보았다
그 꽃을 만났을 때
초상집 상엿소리가 들린다

딸랑딸랑 요량 소리에 등장하는
해당화꽃이 생각난다
어머님 떠나시던 날
그 소리를 들었다

그래서인지 해당화랑
같이 살고 싶었다

오늘도 바닷가 모래 언덕 위에
바람 속에서도 빨간 해당화꽃은
피어 있을 것이다

초저녁 풍경

시끄럽던 하루가 지나고
가지 많은 나무가 흔들린다

조용했던 집 대문을
두드리는 소리가 들린다

볼일 보러 집을 나간 식구들이
하나둘 바쁘게 돌아왔는지
두런두런 소리가 들린다

닫친 대문이 열리고
석양 노을이 집 앞 연못에
그림자 되어 빠질 때쯤

연꽃잎의 버석거림으로
선잠 깬 연꽃 송이가 처음으로
실눈을 뜨는 초저녁

연못 난간에 걸터앉아
해를 등진 내 그림자를
석양에 태우고 있다

그림자도 서서히 사라지면서
대문 닫는 소리가 요란하다.
그렇게 하루는 고요 속으로 저문다

바람의 속삭임

어제 일은 아무렇지 않았다고
창가에 내려앉은 햇빛을 보았다

무거워진 잎새들 사이로
눈빛을 쏘아주니 반짝 반짝
찬란하게 빛이 난다

창밖에 앞집 울타리 너머로
딱 한 송이의 붉은 장미가
어젯밤 내린 빗방울을 입에 물고
마음 밖의 세상은 빛나고
아름답다고 함박웃음을 지을 때
바람이 찾아와 멈춘다

둘은 속삭인다
세상은 참 눈물 나게 아름답다고
서로 부둥켜안고 깔깔댄다

반짝이는 무늬들은
아무런 의미도 없이
그냥 아름답기만 하다고
시간에 환희의 날개 달아주고
바람과 함께 떠날 때
나는
또다시
세월의 마디를 만든다

초승달

어젯밤 초승달이
전깃줄 오선지에 걸터앉아
아주 느리지 않게 연주한다

지휘자가 된 나는
조금 더 빠르게 지휘하건만,
그런 나의 당부도 무시되면서
너무 느리고 고요해서 답답하다 못해
현충일 추모식에 적당할 것 같다

잠시 바람 소리가 섞이는 동안
오랫동안 묵은 슬픈 감정을
또렷하게 토해내 놓는다

한낮 햇살에 유별나게
빛이 나던 초록들도
초승달의 연주를 듣는 관객이 되어
어두운 공연장같이 숙연해 보인다

나는 다시 하늘을 올려다본다
하늘 오선지에 초승달 악보는
벌써 한 뼘은 흐트러져
더 이상
지휘할 수가 없어
오늘 밤 연주는
바람의 박수를 받으며
끝내야만 했다

오월의 기도

모든 만물이 싹이 돋고
푸르름이 무거워지는 초여름입니다
꽃은 피고 지고 열매가 맺어
속살이 통통하게 붙어 앵두 볼이
터질 듯이 익어가는 계절입니다

모든 만물이든 인간이든
시작이 있으면 끝이 있기 마련입니다
시작의 이룸도 있지만
끝의 얻음도 있습니다
이것은 우리의 한결같은 법칙입니다

삶을 산다는 것은 기도하는 모습입니다
늘 소망하고 기도로 시작합니다
어떤 방법이든 결과를 상상한다는 것
바로 기도한다는 것입니다
바람이기 때문이죠
잘될 것이라는 기대도 바로 기도입니다

그래서 기도는
둘이 섞이면 안 됩니다
오직 정결하려면
간절하게 기도해야 합니다

깨끗한 정성과 마음은 하나이고
간절함 또한 둘이 아닙니다
오직 순수함이어야 합니다

오월의 맺는 것처럼
우리의 동행도
한결같기를 소망합니다

오월에 내린 비

사월에 말하지 못한
사연을 쏟아 놓듯이
비가 내린다

아침부터 뒷산에서
까마귀가 시끄럽게 우는 것이
말하지 못한 사연을
쪼아 대는 것 같다

비가 그치는 소리에
창밖을 내다보다가
초록들의 눈빛과 마주친다

사나흘 동안 한 뼘은 자란 듯
성숙해진 모습은
오월의 초여름으로
건너뛸 준비를 한다

아마도 오월은 세상에서
제일 잘 크는 계절인 듯하다
비 갠 날 아침 햇살은
눈이 부시게 아름답다

아직은 촉촉한
오월과 유월 사이는
그렇게 분주하게
역사를 만드느라 요란하다

사월의 햇살

4월은
맑고 고운 햇살이
연둣빛 같다

연둣빛 햇살은
시골 빈집 마당에 내려앉아
돋아나는 감나무 잎새와 속삭이는 동안
핏줄을 세우며 사랑을 한다

다른 잎새들도 긴밀하게
할 말을 있는 듯
연둣빛 햇살을 유혹한다

이렇게 4월의 햇살은
낡은 집에 딱 맞게
고운 빛을 쏟아내고
돌멩이와 묵은 뿌리 사이로 빠지고 만다

옛 기억에 쌓인
허전했던 추억들을
후벼파는 동안
간간이 떨어졌던
씨앗의 새싹들이
파릇하게 돋아난다

그렇게 사월은
연둣빛 햇살의 희생으로
어머니 젖가슴같이 익어간다

꽃이 진자리

초록은 짙어지고
숨겨두었던 연애편지 읽듯이
떨어진 꽃자리에 아직도 묻어 있는
기억의 흔적을 보았다

아직도 가지 끄트머리에서는
잊지 못하고 가끔 꽃잎이 피기도 한다

봄볕은 초여름 열기로
때때로 불타는 듯하다

떨어져 나뒹구는
꽃잎의 슬픈 유혹이
시시때때
고독한 이별을 그리워하면서
심장을 후벼파 긁어내기도 한다

곧 가지마다
초록들의 여유로
그늘 자리가 넉넉해질 것이다
그런 풍경을 상상하는 것만으로도 행복하다

제2부 봄은 만삭입니다

봄이 떠난 자리
봄을 비비다
갑사 가는 길
봄의 향기
봄의 출산
봄을 요리하다
봄이 오는 소리
춘설의 환청
입춘 바람
봄은 만삭입니다
장 담글 때를 위한 준비
아름다운 세상
전생 속으로 여행
입춘 바람

봄이 떠난 자리

봄이 속절없이 늙어 간다
벚꽃이 피고 떨어진 자리에
푸른 발톱이 돋아난다

꽃이 떨어진 자리마다
푸릇한 연두가 별처럼
반짝이는 걸 보면서
그동안 꾹꾹 참았던
흐르는 눈물을 보았다

봄이 늙어가는 것이 맞다
가지마다 쥐젖만 한
열매들이 재잘거린다

봄을 비비다

엊그제는 밭고랑에
봄나물을 뜯었다
유년 시절
어머니와 누나들처럼
나물을 뜯어 본다

머위 순 방풍나물 미나리 쑥
두릅 참나물 눈개승마 엄나무 순 개망초 등
한 부대를 뜯어서 오는 길에
단골 식당에 들려 한 소쿠리 덜어 주고
손질해서 봄을 비볐다

어머님은 봄나물 세 번만 잘 먹으면
오뉴월 더위도 안 먹는다고 하셨다
벌써 세 번은 비벼 먹은 것 같다

참기름 한 숟갈 넣고
쌀밥 한 공기에
볼품없는 널따란 양푼에
나물은 밥 두 배를 넣고
찹쌀고추장 한 숟갈 넣고 쓱쓱 비볐다

둘이 먹다
하나 죽어도 모르는 맛이다

갑사 가는 길

결 고운 봄바람이
햇살이 숨은 틈을 타고
꽃잎이 떨어질세라
사부랑 사부랑거리며 불어온다

이럴 때쯤 울 엄니는
하얀 코빼기 고무신에
외씨버선 기워 신으시고
장롱 속에 곱게 접어두신
한복을 꺼내서 하얀 동정을 달아
인두질로 주름을 펴신다

곱디고운 옷 갈아입고
꽃비 내리는 갑사 가는
벚꽃길을 함께 걸었다

봄의 향기

봄비가 내립니다
늙은 벚나무 가지에
종소리가 들릴 듯하게
벚꽃들이 벌어진다

이 봄비가 그치고 나면
우리 동네 미련한 푼수 아가씨의
엉덩짝만큼 봄도 푸짐해질 것 같다

봄은 꽃이 되어 돌아온다
그래서 눈물 나게 아름답다고 한다

나는
봄을 겁나게 좋아한다
꽃송이 송이에서 향기가 나와
또 한 번 나를 기절시킬는지
요절시킬는지 목 메달 준비를 해야 한다

봄의 출산

봄은 모두 기다린다
봄은 모두 부풀어 있다

봄은 불어오는 바람마저
발목에 채는 바람일지라도
제각각의 꽃내음을 진동한다

세상의 별의별 사연도 만들어
민들레 홀씨 만들어 바람에 실어 보낸다

사람들은 봄이 빨리 안 핀다고
야단 떨며 난리들이다

그냥 두면 알아서 필 것을
재촉하고 마는 사람들은
꽃이 피고 질 때면 후회한다

에라, 다 가져라
만삭의 봄은 고통스럽고
아프지만 출산을 해버렸다

봄을 요리하다

쓸쓸했던 고요가 쓸려가고
어슴프레한 새벽에 간간이
부지런한 철새 떼가 떠날 채비를 한다

부엌에서는 벌써 밥상이 차려진다
봄나물을 조물조물 무치는 소리가
고소한 참기름 냄새랑 함께 들린다

봄나물 밥상이 차려지고
얼른 밥 먹자는 소리가 들린다

둥그런 밥상은
어느새 여럿이
말없이 밥 먹는 소리만 들린다

쑥국의 향기가
된장국이 되어
어머니의 향기로
나를 건강하게 한다

나는 국그릇의
마지막 한 방울도 남기지 않고
어머님께 죄송했던
슬픔을 모두 삼킨다

봄이 오는 소리

공원을 걷고 있었다
노랗게 피어날 수선화가
두 귀를 쫑긋 세우고
봄이 오는 다급한 속보를
귀 기울여 듣고 있다

찔레꽃이 필 덩굴 속에서도
웅얼거림이 들리는 듯하더니
한참을 지나고 어둑어둑해 질쯤
비가 내린다

그리움에 뒤엉킨 사람들은
큰 우산을 쓰고 아직도 서 있다
감춰 둔 슬픔을 초저녁 어둠 속에
떨어지는 물방울에 흘려보내는 것 같다

그렇게 떨어진 슬픈 빗물 방울은
졸졸졸 도랑물을 따라 연못으로 고인다
수많은 사람들이 버린 슬픔이
고인 곳이 연못일 수도 있다

먼 곳에 구름을 붙잡고 놓지 못하는
고층 아파트 빌딩 창문에
불빛이 하나둘 켜지고
아직도 불을 켜지 못하는 외로운 사람은
아마도 우산 속에서 부둥켜안고 있는
그들일 것이다

춘설의 환청

좋아 죽겠다는 심정으로
오늘 그곳에 갔다

텅 빈 숲은 아직도 전율하는 듯하다
어제 춘설의 겨울 막바지를 그렸다

그래서 그런지 적막함이
품어준 생명이 눈빛
부드러운 바람의 진통으로
영혼의 외로움 같이
온순하게 녹아내렸다

촉촉해진 땅에서는
소리가 들린다
입맛 다시는 소리도 들리고
눈을 비비는 소리도 들린다

나는 그 소리를 요리한다
새콤달콤한 맛을 요리한다
그래야 봄이 맛있다

햇볕 따뜻한 언덕의
비얄 밭에서 봄향기가 난다

좋아 죽을 듯한 심장으로
하늘 깊숙이 날아오르는
까마귀도 보았다

골짜기에 아직도 남은 잔설이 녹고 나면
산의 신음과 숨결과 봄의 화음으로
왈츠가 들릴 것만 같아
어느새 내 가슴에는 사랑의 싹이 튼다

봄은 만삭입니다

오늘같이 따사로운 날은
나는 강가로 나갑니다

봄의 강물을 들여다봅니다
은밀했던 강물 속은
그동안의 시간을
구절구절 접어서
봄이 잉태하고 있었습니다

산수유나무의 성글었던 가지에는
노란 밥풀을 한 볼텡이씩 물고
강물을 내려다보는 것을 보면
봄이 만삭이 된 것 같습니다

이제는,
돌아오지 않으면 안 될 만큼
봄은 만삭의 강물에
출렁이던 그리움을
봄바람의 힘을 빌려
출산할 것만 같습니다

송사리도 잉어 떼도 가득하고
텃새들이 몸을 털기도 하고
강물은 만삭이 되었습니다

곧 만삭의 봄이 출산할 때
벚꽃이 난산할 때
오늘처럼 햇살 좋은 날
우리도 축하하러
들놀이 한 번 갑시다

장 담글 때를 위한 준비

강물이 얼었다 녹았다,
겨울 얼음 놀이를 하는 동안
물결이 흘러가는 것을 보았다

내 마음도 출렁이는 것을
지나가던 햇살의 눈빛에 들켰다

물결의 무늬가 반짝이는 강물은
추운 날을 진정시켜 엄동설한도
온화하고 따뜻하게 느껴진다

오늘은 봄기운이 강물 속으로
성큼 다가왔다는 걸 느낀다
그 속에는 송사리도 놀고 있었다

나도 봄을 맞을 준비를 하느라
오래 묵은 소금을 맹물에 씻는 작업을 했다
곧 정월이 오면 장 담그는 작업을 준비함이다

이맘때면,
어김없이 소금을 씻어 말린다

이럴 때면,
주소 없는 하얀 세상에 가신
어머님도 소환하는 날이다

아름다운 세상

봄날입니다
아침부터 맑고 여유로운
햇살이 창가에 내려앉아
새소리와 함께 단잠을 깨웁니다

이렇게 좋은 날 우리도
무엇인가 한 번 해보는 것도
괜찮을 것 같습니다

내 마음의 꽃병에 꽃이라도
한 아름 꺾어다 꽂아 놓으면
금방 힐링 속으로 여행이 될 것 같습니다

누가 그랬듯이 병에
꽃을 꽂으면 꽃병이 되고
물을 담으면 물병이 되고
꿀을 담으면 꿀병이 되듯
우리도 마음에
꽃을 한 아름 담는
아름다운 세상 되십시오

전생 속으로 여행

벚꽃길을 걷는다
좋아서 죽을 만큼 신음소리가 난다
냇가에 송사리들이 꽃잎을 한 잎 물고
물속으로 들어간다

전생 속으로
여행을 가는 길 위에
햇살이 바람과 함께 자잘하게 분다
꽃잎이 다치지 않을 만큼 분다

그래도 꽃잎은 도랑물에 떨어진다
송사리들이 꽃잎을 물었다 놓았다
하는 사이 전생을 찾아가는 길에
노잣돈처럼 내게는 보인다

송사리는 아가미에 꽃밥이
묻은 채로 물 위로 입을 벌리고
봄기운을 뻐끔뻐끔 실컷 들이마신다

끝 모를 물길을 따라 걷는 중이다
잠시 멈추고 꽃들에 한눈팔다가
징검다리를 건너다 헛디뎠다

정신을 차리고 발을 씻으며
꽃잎을 떠나보내는 의식을 치르고
전생 여행길을 되돌아오고 말았다

그래도,
좋아 죽겠다는 감탄만 한다

입춘 바람

찬바람은
움츠렸던 내 어깨를
한낮 따사로운 햇살에
시리지도 않게
세월의 흔적을 남기고
인생의 한 조각을 만들고 지나간다

제3부 푸른 종소리

바람
말복 날 저녁
푸른 종소리
여름과 가을 사이
배롱나무꽃
비 갠 날
7월의 마지막 날
장마
비가 갠 오후
여름꽃
한여름의 밤
붉은 아침
장마와 어머니
영토의 울음
북두리 새벽
연꽃 피던 날

바람

바람은
마음에 들어도
머물지 않고 그냥 스쳐 갑니다

마음에 들지 않아도
똑같은 마음으로
머물지 않고 그냥 스쳐 갑니다

나도
부드러운 바람같이
아주 결 고운 바람처럼
살고 싶습니다

말복 날 저녁

붉은 노을 뒤로 하고
저녁나절 소나기가 시끄럽게 내린다

졸지에 음울한 생각을 해본다
비밀스런 비련의 사연을 꺼내어 본다

내일을 살아본 사람은 아무도 없었다
나는 내일을 살아볼 요량으로
그대를 상상해본다

소나기는 그치고 언제 그랬느냐고
어둑한 바다에는 별빛이 뛰어다닌다
바다 저 멀리 산을 넘는 불빛도 보인다

내일을 살기 위한 몸부림을 친다
내일은 사랑하는 사람에게 맛난 것도
사주고 싶은 마음에
행복하기보다 설렌다

치직치직거리는 압력솥에는
맛깔난 오리 보양탕이 끓는 소리가 요란하다

모두들 시선과 신경은 말복 날
주방의 압력솥에 집중되었다

그렇게 내일을 살아보려고
정신없이 에너지가 뿜어지는
뜨거운 국물을 후루룩 한 사발씩 마신다
힘이 났는지 목소리가 커진다

내일을 쫓아가 보니
내일은 그림자처럼 가까이 갈수록
더 멀어지고 없었다

또 한 번 폭삭 속은 기분으로
내 손에 잡힐 때까지 살아볼 참이다

푸른 종소리

그저 스치는 바람이라도
잠시 저 햇살의 빗장을
잠시 걸어 잠가 두고

소나기에게 자리를 내어준다면
더위에 생각이 많아진 나무와
새들의 그리움들이 반짝일 텐데

지독하게 깊어진
이글거리는 해의 눈 속에
아무 일 없었다는 듯 뜨겁고 거친
소문만 가득합니다

언제쯤 끝날까 싶은
뜨거움을 이끌고
이제 곧 8월이 터널을
빠져나가야 할 때입니다

비 한 방울 한 방울이 그리움이요
푸른 종소리일 거라고
하늘을 쳐다봅니다

빈 동굴에 물방울 하나가
떨어지는 울림소리를 내듯
세상 끝 벌판까지 시원해지는 비
한 차례 시원하게
적셨으면 좋겠습니다

그러나
그것보다 더
바람만 불어도 좋을 듯합니다

여름과 가을 사이

생의 마지막 꽃을 피우듯
여름꽃으로 마지막 연꽃을 피운다

마치 아무도 없는 듯하다
외로움도 무더위 사그라들 듯하다

생의 부질없는 희망처럼
무성하던 초록들이 기진맥진해진다

벌써 감나무 땡감 몇 알들이
얼굴에 홍조를 튀기고 있다

이제 파란 하늘은 맨 처음처럼
새로운 세상을 만드느라
우리 인생처럼 바쁘게
분주해질 것이다

올해는
가을을 한 알이라도
더 가을하여
차곡차곡 쟁여두고 싶다

시간 날 때
창고 정리도 해야겠다
비우고 새롭게 쟁여두고 싶다
올가을은 수많은 시를 쓸 것 같다

배롱나무꽃

오늘은 울 엄니가 보고 싶어
배롱나무꽃을 지루하도록 보고 왔습니다

꽃이 피는 소리가 간간이 들립니다
이맘때면 울 어머니는 공주 오일장에서
생선을 사 오셨습니다

십리 길을 걸어서 오시는 동안
생선이 변할까 봐 소금에 절여
광주리에 담아 머리에 이고
날쌘 걸음으로 시골 버스보다
빠르게 걸어오셨습니다

오시자마자 밥 안치시고
후두둑 마른 솔가지를 부러뜨려
아궁이에 불 지피시며
분주히 저녁을 준비하셨습니다

아직은 저녁 해가 헤어지기 싫은 듯
노을을 타고 붉은 꽃을 피웁니다
오래된 부엌에서 무쇠솥
여닫는 소리도 분주해지고
아궁이 알불을 끄집어내어 삼발이 걸고
석쇠 위에 생선이 지글거리며 익는 소리가
배롱나무꽃 피는 소리처럼 들립니다

동네 어귀까지 생선 굽는 냄새가
바람에 휘저을 때 노을과 저녁 사이
툇마루에는 푸짐한 밥상이 오릅니다

어머니만 아시는 바람이
배롱나무 가지에 걸터앉아
이제는 돌아가야 한다는 기별을 남겨두고
먼 하늘로 돌아가는 것을 보았습니다

어머니의 향기가 그리운 날입니다

비 갠 날

여름꽃들이 한창 필 무렵
장맛비에 얼마나 두들겨 맞았는지
찢어지고 멍들고 만신창이가 되었다

그동안 보지 못했던
벌 나비도 찾아와
속삭이는지 위로하는지
날아갈 기미가 없다

오늘은 햇살이 뜨겁다 못해
불구덩이 같은 한낮
나무 그늘을 찾아서
여름을 긁어모아 추억을
조각해 보는 한가로운 시간이다

높다란 하늘에 조각구름은
장마가 지난 곳을 뒷정리하듯이
하늘을 문지르고 닦으며 지나간다

하늘은 파란 명경같이 맑다

7월의 마지막날

장마가 끝나고 난 후
잊고 있던 여름 햇살이
어김없이 찾아와

저녁나절
버드나무 그림자를 데리고 와서
떡하니 버티고 있다

숨이 턱턱 막힐 만큼
소낙비가 그리워진다

그동안 울지도 웃지도 못한
매미가 서럽게 울어댄다

내려놓아라
비워버려라
벗어버려라
소나기 대신 시원하게 울어댄다

새 한 마리
버드나무 가지 사이로 날아들더니
소나기 그치듯 멈춘다

오늘 저녁이
여름도 휴가 가고 싶은
삼복더위 7월 마지막 날이다

장마

비가 알몸으로 뛰어나와
미친 듯이 날뛰듯 내린다
북녘에 걸친 비구름이
국지성 호우로 내릴 예정이란다

나뭇가지 잎새들이 무거워지는 중이다
빗소리와 바람 소리가 시를 잉태한다

비 갠 한낮의 낯짝이 울그락불그락
모양새가 화가 난 시어미 모습이다

창가에 널어놓은 빨래가
밤새 별빛을 쐬고도 마르지 못하고
쉰내가 난다

햇살이 그리운 장마가
저 갈 길 찾아가라고
씻김굿이라도 해줘야겠다

비가 갠 오후

흐린 날씨 탓인지 그림자도 사라진
늙은 버드나무 아래서
화려하지도 않은 듯 화려한
연꽃 방죽을 바라본다

가끔 바람이 연꽃잎을
뒤집어 놓고 날 사랑하기에
향기만 남겨두고 어디론가 떠난다
속삭임만 두고 사라진다

풀 섶에 뒤섞여 피어오르던 봉숭아꽃
되약볕에 풀무질하듯이 붉게 피었다

모과나무 밑의 거미줄에
아직도 매달려 있는 빗방울을 본다
누군가 기다렸다는 듯
서러운 눈물방울 되어
떨어지는 것을 보았다

여름꽃

여름꽃으로 으뜸인
하얀 꽃 백련꽃

새벽에 가슴을 열고
그 가슴에서 향기가 난다

그래서 나는
너에게 미칠 수밖에 없다

삼일간의 여유만 주고
영원할 수 없는 인연이기에
너의 바람 스쳐 간 자리에
마음 두고 살아야 하기에

꽃 같은 사람 만나
꽃 같은 사랑 해야만 한다

오직
하나의 순백의 색깔로
하나의 아름다운 자태와
하나의 향기로 살 수밖에 없는 너

너는
여름꽃으로만 살고 싶어 한다
사랑하고 있는 내 마음을 읽을 것이다

한여름의 밤

장마가 온다는 소식에
바짝 긴장한 벌들과 꽃들이
부지런하게 움직이는
소리가 들립니다

어젯밤 별들이 뒤엉켜
서로를 비비는 소리와
더러는 별이
떨어지는 모습도 보았습니다

그래서
나는 너에게
미칠 수밖에 없습니다

붉은 아침

어둡던 동녘에
둥근 형상의 붉은
태양이 떠오르니
참으로 찬란하다

그 빛을 받아
밤하늘을 날던 철새도
그림자를 연못에 떨구니
그 빛 또한 푸르구나

청초하게 얼굴 드리운
연꽃 한 송이
동녘 하늘에
미소 짓는 모습이 몽환적이다

장마와 어머니

장마가 옛 추억을 소환한다
울 어머니는 바람둥이 서방님 만나
많이 우시고 사셨다

어떨 때는 땅을 치고 통곡하는 모습이
장맛비에 산이 떠내려갈 만큼
우시는 모습을 보았다

오늘 장마가 오기 전 어머니 산소에 왔다
갑자기 장마 소식이 먼 곳을 달려
이상한 소문처럼 들린다

영토의 울음

여름이 짙고 검푸르게 깊어 가는데
아침 동녘에서 밝은 빛이 장렬하게
쏟아진다

부지런한 숫놈 까치가 크게 운다
암놈 까치가 밥 먹으라고 부른다
잠시 조용해진다

이름 모르는 새 한 마리가 멋도 모르고
날아들었다 까치떼에게 된통 당하고
혼비백산하며 절룩거리며 날아간다

자신의 영토를 지키다
장렬하게 전사한 6·25 전우들이
생각나는 아침이다

북두리 새벽

지금은 꼭두새벽
90 넘은 늙은이가 혼자 사는 집
멍멍이가 컹컹 짖는다

두런거림의 발자국 소리도
저벅저벅 들리는 새벽이다

잘 뜨이지 않는 눈을 비비며
지금 연 방죽으로 나갈 채비를 한다

연방죽의 새벽에 피어나는
연꽃을 생각한다
고요하게 꽃받침을 딛고 일어나
동트는 붉은 햇살 받으며 방그르르 웃는다

부지런한 물오리가 물결 따라
벌써 일어나 다녀가고
황새도 두리번거리며 다녀간 곳에

새벽하늘에 구름이
하나둘 떠다니는 곳 북두리 하늘
한낮에 용광로처럼 불 지르려는 듯
붉고 찬란하게 해가 둥실 떠올랐다

나 지금 그곳에서
꽃들의 심장 뛰는 소리를 들었다
순하고도 향기로운 연꽃들의
아침을 여는 소리가 분주하다

연꽃 피던 날

고요하게 하늘 끝에 내려앉은
구름을 풍경으로 들여다본다

마치 내가 그리던
아름다운 세상을 그려주고 있었다
잠시 내 삶의 사연을 들여다본다

詩의 운율이 떠올라 심장에서는
아름다운 글을 쓰고 있지만
무엇을 써야 할지 빼야 할지 바쁘다
잠시 눈을 지그시 감고 주문을 외운다

초여름 오후의 무성한
나뭇잎 사이를 빠져나온 듯한 햇빛 소리와
내 곁을 스쳐 가는 바람 알맹이들이
나의 화려했던 날의 감추었던 기억을
던져주고 지나간다

버드나무 그늘이 방향을 바꾸고
착지한 언덕에서 요란하게
웅성대는 소리가 들린다
그것은 여름이면 내가 제일 아끼는
연꽃 중 연꽃, 백련꽃 피는 소리이다

한 송이 두 송이 얼굴을 내밀고
어떤 것은 실눈을 뜨다 눈이 부셔 찡그리고
어떤 것은 그게 무슨 상관이냐고
얼굴 빳빳이 들고
환하게 웃고 있는 저녁나절
연 방죽은 엄청 분주하다

요즘 연꽃들이
전하는 소리를 듣는 재미로
북두리를 자주 찾는다

제4부 노을 속의 님

산
가을 숲
가을 등산
불타는 단풍
가을의 향기
가을 그리움
보내는 마음
가을 이별
그리운 고향 친구야
노을 속의 님
진관사
가을 하늘
저녁노을
가을이 좋다

늦가을 산

늦가을 산은 철새들처럼
지금 털갈이 중이다

그동안 산속에 숨겨두었던
수많은 언어를 대방출 중이다

수많은 소리 남겨진 채
구름이 움찔하며 흩어졌다
모여드는 늦가을 산은
이상한 침묵의 노래를 부른다

바람이 계곡을 타고 내려오는 길목
그 바람을 타고 수북하게 쌓인 낙엽은
마치 털갈이하는 짐승들처럼 바쁘다

가을 숲

가을 숲이 시끄럽다
어디서 몰려왔는지 사람들의
왁자지껄한 소리도 시끄럽다

가을을 밟는 소리도 시끄럽다
시월의 가을이 소리친다

곧 파장할 거라고 빨리
지나가라고 유혹한다

숲은 곧 문 닫을 예감으로
주섬주섬 알록달록 모두
내놓고 사람들을 불러 모은다

"자 골라골라 잡아잡아…"

남대문 시장 난전만큼
가을 숲은 시끄럽다

바람이 불고 나면 시월은
파장이 될 것이다

가을 등산

늦가을 햇살은 서리태를 털고
늦가을 바람은 들깨 터럭을 날린다

동네 어귀에 황금색 은행나무는
사찰에 자비롭게 앉아 계신
부처님만큼이나 장엄한 빛을 낸다

간간이 부는 찬바람은
밟히고 이겨져 퇴락한
낙엽의 슬픔을 까불어
날리고 있었다

북녘으로 방향을 트는 바람이
또다시 불어온다

저 산 아래 불타는 듯 보기 좋게
줄 서 있는 단풍 나뭇잎은
불티처럼 바람에 이리저리 날아다닌다

그런 것을 보고 푼수 같은
아줌마들은 배낭을 걸쳐 메고
깔깔대고 좋아 죽겠다고
나뒹굴고 난리들이다

불타는 단풍

가만히 있어도 낙엽들의
왁자지껄하는 소리가 들린다

아침부터 햇빛이 타는
소리가 들린다

밤새 별을 닮고 싶은
단풍잎이 눈물을 닦고
물기를 말리고 있다

각색의 별빛을 닮은
단풍잎은 비밀을 간직한 채로
외로움을 말하지 않고
별빛들과의 이별을 해야 한다

그렇게 오늘도 앞산은
불타는 소리와 단풍잎들의 소리가 들린다

가을의 향기

앞산의 감정이 폭발을 했다
마당 한 귀퉁이 모과나무의
폭탄이 쏟아져 있는 걸 보면
단단히 벼른 것 같다

울그락불그락 표정이 난리가 아니다
성질 더러운 듯 한숨을 쉴 때마다
우수수 힘없이 낙엽은 쏟아진다

길 가던 시인들은 서로가 詩語를
줍느라 너도나도 시인이 몰려든다

화내는 건 이제 무섭다
올여름 혹독하게 성질 더러운
더위를 감당한 나는 겁에 질린다

그저 그냥 어느 멋진 가을처럼
조용히 지나가기를 기다린다

가을 그리움

잠깐 뒤돌아보는 사이
시월은 멈추지 않고 가버렸다

가을은 그렇게 식어가는 중
사람들은 가을이 익어간다고
고상하게 詩語를 만든다

심장이 뛸 시간도 없이 바쁘다
식어가는 먼 산을 불구경하는 동안
가을은 활활 불타고 있었다

아직은
한낮 햇볕을 끌어다
죄기가 뜨겁다
나는 잠시 짬을 내서
자잘한 햇빛만 골라서 가슴에 품었다

많이 그리울 때
많이 보고 싶어 사무칠 때
꺼내 볼 요량으로
가을 무늬를 쓸어 담는다

보내는 마음

제비들이 남녘으로
날아갈 준비를 하느라
새끼 제비를 일렬로 앉혀 놓고
무엇인가 이야기한다

먼 길을 가려면 주의 사항을
새끼 제비에게 주의하라고
이르는 듯 재잘거리고는
일제히 날아간다

먼 하늘을 날아가려면
서둘러야 한다는 의미였다
기억 없는 제비는 이별을
통보해왔다

늦가을 하늘은
낮달이 서성거린다

나는 詩를 쏜다
차오른 달빛은 시를 읽는다

행간을 하나하나 뒤적이며
날아간 제비를 적어 두었는지
숙제 검사하듯 꼼꼼하게 시를 읽는다

가을은 이별하는 것에
익숙해지는 계절이다
버리고 떨구고 날리고
보내는 마음으로

그 산에 갔을 때 그 산은 벌써
나무들의 눈빛과 새들의 발자국 소리가
가쁜 숨을 쉬면서 졸고 있었다

가을 이별

침묵하고 있는 사이
이별의 징조가 보이기 시작했다

푸르던 나무들은
녹색의 경계를 허물고 있었다

이별의 징조는
그렇게 오고 있다
빨간색 노란색으로 어떤 것은 시커멓게

녹색의 경계가 허물어지고
나무들은 하나둘 이별을 연습한다

곧 엄동설한을 준비 중임을 알리고
이별의 장엄한 의식을 마치고 있다

오래 걸려 생각해 둔
이별 연습을 미련 없이
바람 속으로 버리고 있었다

나무들은
하나의 미련도 남기지 않고
장승처럼 든든하게 버티고 우뚝 서 있다

그리운 고향 친구야

가을 하늘에 기러기 떼 울며
어디론가 정처 없이 날아가는데

파란 하늘에 둥실 뜬구름은
어디로 갈 것인지 어디까지 갈 것인가
가을 하늘에 길을 잃고 헤매누나

아, 그리워라
그 옛날
내 고향이 그립구나

옛동무들
지금은 어디서 무엇할까
나, 지금 이곳에서
고향의 가을 하늘을 바라보네

벼메뚜기 잡고 콩서리 할 때
얼굴은 시커멓게 숯 칠한
그 시절 그 모습 생각나는 지금
가을 하늘에
떠 있는 새털구름처럼
나도 머리가 하얗게 변했구나

그리운
고향 친구야
보고 싶구나

노을 속의 님

서늘한 갈 바람 소리에
먼 하늘을 바라보네

아무도 올 사람 없는데
누구를 기다리는지 흘러가는
구름만 내 곁을 스치네

서녘을 넘는 들녘 해는
흘러흘러 저녁을 향해
빈 들판에 붉은 노을 물드는데

기다리는 그 사람은
오늘도 소식이 없는데
기다림은 애간장을 다 태우고

저녁 노을 먼 산을 붉게 붉게
물들이는 세월은 찬바람만 몰고 오네

누가 오는지 소리 들려
귀 기울여 그 소리 담는데
별빛 소리 사이로 가만히 내려와
낮을 밤으로 뒤집는 소리였구나

아,
나, 돌아가리라
기다림에 지쳐서
님 계신 그곳으로 돌아가리라

진관사

고즈넉한 산세에 새소리 평화롭구나
우측 산봉우리 기운 받고
뒷산 기운 받으니 참 평화로운 터일세
늙은 노송 틈새로 하늘을 보니
그 하늘 기운이 나를 힘 나게 한다

풀꽃 잎을 넘나드는 벌 나비들
이 꽃 저 꽃에 얼굴을 묻고
108배 기도를 하는지
날아갈 기미가 없구나

나도 대웅전 법당에 자리 펴고
108배 힘들다 3배 예불드렸더니
법당문 나오는데 이름 모를 풀벌레가
나를 놀리는구나

머리가 하얀 늙은 할망구
무슨 소원을 비는지 두런두런
계속해서 절을 하는데
조금 더 젊은 놈은 씩씩거리고
간신히 3배를 마쳤으니 벌레도
나를 비웃는구나

개울가 굴참나무
갈까마귀가 시끄럽게
울어대는 진관사에서
주인인 양, 반기는구나

가을 하늘

나는 하늘을 보았어
너의 위대함을 보았어
혹독했던 장렬한 뜨거움을
이기고 하루 아침에 솟아오른
승리의 빛은 위대했다

바람은 조금 더 높은 곳으로 불고
나뭇잎들은 잎새를 흔들며
너를 기다린 그 기분은 위대하다

가을 숲속에서 속삭이는
소리가 들린다
너의 기다림의 혼을 본 것 같아
가을과 깊은 애증의 관계를
맺어 보고 싶다

저녁노을

하루의 생을 열정적으로 살았다
그래서 노을이 되었다

투쟁의 깃발처럼 붉은 노을은 현란하다
철새들의 바쁜 날개짓이 울음으로 터진다

아무런 까닭도 없는 허무함이
공중에서 그리움이 되어 맴돈다

한낮의 장렬한 태양도
이제는 생의 박수를 치고
노을이 되었나 보다

하루를 버무려 꼭꼭 덮어놓고
장엄한 의식으로 어둠 속으로 사라진다

가을이 좋다

한 계단 한 계단 오르는 가을은
그림자가 작아져서 좋다

바람이 잔잔하게 불어서 좋다
때로는 비 오는 날도 좋다
날씨가 그대로 가을은 좋다

파란 가을 하늘 햇살은 더 좋다
텅텅 비워져 가는 들판도 좋다
풍요가 곡간에 가득 쌓이는 모습은
생각만 해도 감사할 수 있어 참 좋다

먼 산은 바라만 봐도 좋다
물들어 가는 모습이
참 아름다워서 좋다

이렇게
오늘보다 더
내일은 더
아름다울 것 같아 좋다

참 아름다운 세상이 좋다

제5부 계절의 교대 의식

가을 수채화
빈 들판
시월의 바람
한가위에 내린 비
빠이빠이 여름
한가위
가을이 오는 서해 뜰
夏秋비
계절의 교대 의식
마지막 잎새
아름다운 추억
저녁노을에 스치는 바람

가을 수채화

가을 달빛은 색을 칠하느라
둥근 보름달이
매일 크기가 줄어
반달이 되어 줄어든다

별빛도 쓸쓸하게 밤을 지새우는
가을 산을 밤새우며 색칠을 한다

가을 산은 그리움을 만든다
나는 가을이 색칠해지면
그 산에 갈 요량으로 준비를 한다

작년에 갔던 가을 산 아래
호수를 보았다
호수에 빠져서 목욕하는
너를 보기 위해 카메라 렌즈도
잘 닦아 놓았다

빈 들판

푸르던 평야는 누렇게 변하고
아침에 뜬 달빛에 햇살과 엉켜
평야가 텅 비어 간다

들판은 간간히 먼 하늘을
날아오는 날개 큰 철새들의
울음소리와 벼 베는 트랙터 소리에
들판은 몸을 맡기고 소리 없는
감사의 눈물을 흘린다

그 눈물이 흘러 개울이 되어
평야의 핏줄처럼 차갑게 강으로 흐른다

인간의 비움은 마음을 편하게 한다
들판의 비움은 텅 비어 간다는 것에
대한 허무함과 쓸쓸함뿐이다

이글거리던 태양 아래 초록 평야는
지독했던 더위를 좋아했다
나는 텅 빈 평야를 좋아한다
텅 비워질 날을 얼마나 기다렸던가

내 안에 존재하던 시간의 유속을
멈추어도 되는 평야의
비워져가는 평화로움이
국화꽃 한 송이의 향기로움으로
감국차 한 잔의 여유를 맛본다

시월의 바람

우리 마누라가 올여름처럼
지독했으면 못 살 뻔했다

가을이 오는지 누런 들판은
듬성듬성 비워지고 있다

구월도 다 지나갔다
시월의 문이 열리고
떠돌던 가을이 여기저기 떠돌다
슬쩍 대문을 열고 들어왔다

오늘 한낮의 햇살은 아직도
빨간 홍옥사과빛 같다

성큼성큼 내려온 햇살이
울타리 나팔꽃을 바라보다
나팔꽃 속으로 걸어 들어가는
모습을 보았다

그런데도 나팔꽃은 수줍은 듯
방실 웃음 지으며 고요하기만 하다

바람은 개울을 건너는 돌다리
걸터앉아 발을 담그고 체온을
낮추는 연습을 하는지 차갑다

개울은 강물을 따라 흐른다
흘러간 것들은 돌아오지 않는다

숭어 떼는 강물을 거슬러 올라오는데
기척도 없이 물속으로 온다

그러나 흐르는 물은 흘러가지만
한 번 가면 거슬러 돌아올 줄 모른다

9월도 지나가면서 한마디 던진다
다시는 돌아오지 않을 거라고

한가위에 내린 비

한가위 축복의 비가 내린다
조상님들이 감동하신 모양이다
더운데 다녀가기가
여간 힘든 게 아니었나
추석을 보내고 시원한 비가 내린다

나는 비가 좋았다
더위 세 갈무리도 미뤄두고
시원해질 날만 기다렸다

나는 속옷이 다 젖은 줄도 모르고
잡풀을 뽑다 국화를 한 줌 뽑았다

미안한 마음으로 손가락에 힘을 주고
땅을 후벼 파서 국화를 묻어주었다
네가 이쁜 꽃을 피우는 날
나는 너에게
시를 한 줄 써주겠다고 약속했다

미뤄둔 잡풀들을 한 줌씩
잡아채니 쑥쑥 잘 뽑힌다
빗줄기는 가늘게 부슬부슬 내려서
비를 맞고 미뤄둔 잡풀을
모두 뽑고 나니 머릿속이 시원하다

올해는 진짜 귀뚜라미가
더위에 모두 익사했는지
귀뚜라미 소리가 안 들리는
밤 일기를 쓰는 중에 많이 시원해짐을 느낀다

빠이빠이 여름

비가 내린다
보내야 한다

그렇게 지독했던 여름이
떠나려는지 통곡하는 것인지
비가 내린다
어서 보내야 한다

떠나기가 서러웠다면
모두 내려놓고 실컷 울고 가거라
올여름에 네가 한 짓은 나는
다 알고 있으니 말없이 그냥 떠나라

너처럼 지독한 여름은
제발 데려오지 말고 이제는
시원스럽게 떠나거라
파래진 가을 하늘이 부끄럽지도 않느냐

그만 버티고 그만큼 했으면
아쉬움도 여운도 없을 것이다
굿바이, 여름아!
빠이빠이

한가위

한가위 달빛은
추석 명절 님 오시는 길
횃불같이 길을 밝혀주는 빛

우리 집 옥상 저만큼
소나무 가지에 걸터앉은 달빛은
노릇노릇하게 전 부치던
울 어머니를 소환해 오셨다

한가위 전날 초저녁에 뜬
덜 익은 듯한 보름달은
도시로 나간 아들딸들 오는 길에
달빛 밝혀 길 조심히 오라고
구름 한 점 없다

올해 한가위 보름달은
첫사랑 애인보다 더 뜨겁다

초승달도 걸어갔을 서쪽 하늘
별들이 비밀을 이야기하는지
남모를 사연을 속삭이는지
오늘따라 빛이 더 반짝인다

내일은 바람 좋은
가을이 되었으면 좋겠다

가을이 오는 서해 뜰

가을이 오는 천수만
철새들이 쉬어가는 곳
철새들의 낙원이 되는 곳

가을이 익어가는 서해들녘
황금물결은 강둑 넘어 푸른 물결과
맞닿아 춤추는 그곳은
오늘도 가을이 무르익어 간다

인심 좋은 농부들은 이삭을
풍성하게 떨어뜨리는
평화로운 서해 뜰
농부님들의 마음은
"갸덜두 먹고 살아야지유. 안 그류?"

말 한마디가 평화로운 세상을
더욱 아름답게 빛을 낸다

夏秋비

가을과 여름의 교대 의식이
치열할 때 비가 소리치고 내린다
이제 그만 떠나라고 소리친다

세상에 없었던
언어를 만드는 가을이다
창밖에 내리는 비들도
나에게 말을 건넨다

나는 빗방울들이 토해내는
언어를 모아서 시를 쓰고 있다

가을이다 수많은 새로운 낱말을
뿌리고 꺼끔해진 틈을 타서
나는 시의 낱말을 골라
퍼즐 맞추는 놀이를 한다

계절의 교대 의식

바람은 계절을 떠나보내지 않았다
제자리를 지키는 듯한 햇살이
장교 끝에 다시 또 체온을 높였다

여름과 가을의 밀리기 싫은 듯한
고 싸움을 하는 듯하다

그런 속에서 다음 계절은 자리를
내어주지 않는 계절을 밀어낼 요량인 듯
뜨거운 빛 속에서 너울거리고 있다

그 누구도 알아차리지 못할 때쯤
침묵하던 새 계절은 또 다른 빛의 속도로
일제히 날아오를 채비를 한다

계절을 알리는 귀뚜라미도
올여름 장렬한 태양 빛에
모두들 익사했는지 아직은 조용하다

어젯밤 석양의 눈웃음을 보았다
나와의 언어가 소통되는 순간이다

밭 개구리들도 노을을 한입씩 물고
그들의 언어로 나에게 말한다

지나갈 것은 곧 지나갈 거라고
평화로운 교대의식을 하는 중이라고

가을
가을아 너 참 좋다
가을 너는 참 이쁘기도 하다
가을아 너 참 좋구나

마지막 잎새

찬 바람이 솔솔 불어
가지에 남은 가을의 잔재를
모두 털어내는 아침입니다

심술인지 욕심인지
힘겹게 매롱그리며, 달려 있는
잎새들을 모두 털어내려는 듯
찬바람으로 구석구석 식혀가며
청소하듯 떨궈 내는 게 미워지는 아침입니다

그래서 우리는 그걸 보면서 낭만이라고 합니다
미련 없이 툴툴 털어주고 떠나는 나무들의
멋진 모습이 인간들의 모습과 비교가 됩니다

아쉬워 못 털고 빙빙 돌려
야유하는 정치꾼 원로의 모습을 보니
어리석은 인간들이 서글퍼 보입니다

오늘은 겨울 맞으러 비닐하우스를 가서
다 자리 차지하고 와야겠습니다

아름다운 추억

계절이 푹 곰삭듯이 숙성되어
콤콤한 냄새가 나듯이
겨울바람에 휘잉 쓸려서
골목길을 빠져 나갑니다

언덕 위 교회 담벼락에
고요하게 내려앉은 주홍빛 햇살은
아주 짧은 추억을 남겨주고
나뭇잎을 몰고 퇴근하는
자전거 뒷바퀴를 따라서 휘리릭 지나갑니다

고요했던 슬픔이 지나간 것처럼
고여 있던 풍경 속에 꾹꾹 눌러
숨겨왔던 것들의 반란들이
겨울바람 속으로 숨어 들어갑니다

겨울의 짧은 햇볕을
숙성하기 위한 풍경들이
아름다운 추억으로 숙성되어 가는
하루가 되십시오

저녁노을에 스치는 바람

바람은 마음에 들어도
머물지 않고 스칩니다

마음에 들지 않아도
똑같은 마음으로
머물지 않고 스칩니다

우리도 부드러운 바람같이
아주 결이 고운 바람처럼
살고 싶어라

제6부 **북두리의 겨울**

겨울 창가
겨울 저수지
초겨울 바람
겨울꽃
북두리 겨울
겨울 여행
겨울밤
갈대꽃의 달빛 사랑
눈이 녹고 있다
초겨울에 비가 내려

겨울의 창가

나무들의 울음소리를 들었나요?
바람을 쓸어 앉고
울어대는 소리를

아직도 떼어지지 않은 잎새들도
초저녁 별빛에 기대어 서글프게 울어댑니다
겨울 강은 그렇게 살얼음판에
달빛도 토해내는 듯 도도하게 말이 없습니다

간간이 어린 애가 칭얼대듯이
슬픈 울음소리가 들립니다
그렇게 슬픈 겨울은
언제나 많은 이야기를 합니다

겨울 저수지

겨울 저수지는 꽁꽁 얼어
그 위를 덮은 잔설은
이불처럼 차갑고 고요하다

차가움 속에서 들려오는 소리는
고독의 기도처럼
귓가를 스친다

아름다웠던 계절은
저수지 속으로 몰락하여
형언할 수 없는 기억들이
푸른 침묵의 눈알을 굴리며
나를 바라본다

저수지 가운데
아직 얼지 못한 곳에서
모락모락 김이 피어오른다
햇살과 무언의 대화를
나누는 듯하다

얼었던 어깨가
잠시나마 훈훈해진다
그 기분을 품고
저수지 주변을 돌아서 왔다

초겨울 바람

올 가을은 유난스럽게
감미롭고 아름다웠다
우리들의 감추어진 슬픔을 알고 있는 양
길바닥에 뿌려진 낙엽들을 모아 적시는
가을비도 자주 내렸던 것 같다

이런 감미로움도 심술이라도 내듯이
몇 장 남아 살랑살랑 꼬리를 힘겹게 흔드는
저 나무의 이파리들을
길바닥으로 떨어뜨리는 초겨울 바람이 야속하다

그러나 겨울나기 위한
부피 자람을 시작할 요량으로
잠들려는 나무들은 푹신함을 더한 이
불이 되었으니
내년 봄의 소나타를 준비하겠지

오늘은 장롱 속 목도리를 꺼내서
휘휘 둘러도 따뜻한 날이다
유리창에 호호 불어 사랑의 낙서를 써놓고
그대를 그려도 좋은 날입니다

그대와 이렇게 추운 날은
그대의 코트 주머니에 손을 쏙 넣고
그대의 온기를 느끼며 걸어도 좋은 날입니다

겨울꽃

겨울이 시작되고
내 시선은 어느 것에도 머물 수 없었다
꽃을 본 지도 아주 오래된 듯하다

겨울의 눈동자는 얼음판 위를
굴러다니며 차갑게 나를 응시한다

겨울 숲은 금속 조각을 용접한 듯
영혼이 없는 듯 아무 말 없이
미동조차 하지 않는다

강기슭 위를 유유히
날아오르는 철새들만이
영혼의 울음을 내며
소리의 창고를 열어준다

마을을 지키는 까치는
무슨 일이 생긴 듯 시끄럽게 소리치며
계엄령을 내린 것처럼 수십 마리가 모여들어
나라를 방어할 기세로 부산하다

엄동설한이 지나가는 동안
나는 그저 영혼 없는
겨울의 눈동자를 지켜볼 뿐이다

꽃이 그리운 계절이다
꽃과 새 울음소리가 풍경을 두드리는
그런 봄날을 기다린다

온 세상이 새싹 돋듯
향기로 가득한 날이 오기를
그날을 기다린다

북두리 겨울

바람이
길을 가고
그 바람이 골목을 빠져나갔다

햇살이
그 길을 따라 쫓을 때
겨울 햇살이 차디찬 강물을 건넌다

한나절이 지나서야
하얗게 정지된 땅속에서
시끄럽게 두런거림이 들린다

벌써
봄꽃들이 피워낼 채비를 한다

우리 동네 어귀에 버드나무도
온몸으로 찬바람을 견디는 곳
그곳은 내가 사는 북두리다

하얗게 깊은 겨울의
거적때기를 들춰보니
수십억 가지의 꽃들이
피어날 준비를 하는 모습을 볼 수 있었다

석양을 무대 삼아 군무를 추고
떠나는 철새들의 구령 소리도 들린다

나 돌아가기 전 하늘의 별을 하나
따서 찻잔에 띄우고 몸을 녹여본다
곧 봄이 미친 듯이 이리저리
뛰어다닐 생각을 해본다

겨울 여행

미친 듯이 엉켜 살았던
세월을 뒤로 하고
고독하기만 했던 시간들을
어렴풋한 과거의 잔상들로 남기고
한 해를 정리하기 위한
강릉으로의 기차를 탔습니다

창가에 밀려가는 풍경들은
모두 그 자리에 있지만
봄이 오기를 기다리는 고행을 하는 듯이
오들오들 떨고 있습니다

낮달이 떠올라
긴 겨울밤을 새울 준비도 합니다

생각에 생각을 덧칠하듯이
한 해의 역사를 쌓는 순간입니다

나는 유년 시절 운동회 날
100미터 단거리 선수처럼
정신없이 달렸습니다
숨을 몰아쉬는 어린아이처럼

잠시 기차는 숨 고르기 하듯이
진부역에 멈춥니다
또 다른 생명을 느끼듯이
숨을 고른 후 다시 달립니다

한 해를 잠시 멈춰 놓고
강릉으로 숨 고르기 하러 가는 중입니다

겨울밤

나 오늘 밤 별똥별을 보았다
모든 슬픔이 별똥별이 되어
찰나 바람 소리보다
더 빨리
강물로 투신했다

밤하늘의 별빛은 강물을 만들어
은하수가 되어 떠다닌다

내 영혼은
옛날 그대로인데
육신은 곰삭아서 그런지
여기저기 쑤시고 지워져 간다

이맘때면
나는 울고 싶을 때가 있다
겨울이 되면
쓸쓸함이 나를 울게 한다

고흐의 별이
빛나는 밤하늘에서
별 하나를 따서 사연을 적는다

이제부터
달콤하고 절절한
꿈을 꿀 것이다

갈대꽃의 달빛 사랑

오늘도 달빛 내리는 그 언덕에
불던 바람은 여전히 그대로 분다

부드러운 달빛 바람에
얼비치는 갈대꽃은
어머님의 은빛 머릿결처럼
눈부시게 빛난다

내 기억 속 그 언덕은
아직도 달이 뜨고
별들이 반짝인다

이제는 나도
그 언덕 달빛에 빛나는
갈대꽃처럼 머리가 희다

내가 보았던 그 언덕의 갈대는
유년 시절 내가 꿈꾸던
시인의 모습이었다

지금은
그 갈대를 바라보며
시를 담는 시인이 된다

바람은
달빛을 타고
그때처럼 시를 뿌린다

오늘도
은빛 갈대꽃은
사랑으로 흔들리며
바람에 몸을 맡긴다

눈이 녹고 있다

골목을 돌아다니던 햇빛이
옅은 구름 틈새로 내려와
축축한 미소로 눈을 녹이고 있다

땅바닥에 익사된 다른 잎들은
아직 떨어지지 않은 잎새에게
기왕에 잘 버티다 겨울의 심장
한가운데 있다고 느낄 때
그때 멋지게 뛰어내리라고
아쉬움의 한탄을 하고 있다

입술을 꼭 다물었던 생각 중
하나가 나에게 묻는다:
"내 생애 마지막 겨울이 남았는지?"

건너편 먼 산꼭대기는
관심도 없이
아직 덜 떨어진 단풍과 굴참나무는
아직도 옷을 벗지 못하고
눈 폭탄을 맞고 혼절했다

꽉 채워진 11월의 첫눈은
무자비한 공격을 해왔다
눈은 그렇게 녹아내리는 중이다

초겨울에 비가 내려

초겨울에 비가 내려
마음을 아프게 했다
달랑거리는 나뭇잎들의
아우성이 쟁쟁하게 들린다

내 힘으로 어쩔 수 없이
자연에 순응하라 타이르며
집으로 들어선 나
으스스한 추위를 느낀다

TV 뉴스에서
첫눈이 내릴 것 같다는 징조를 전한다

밤새 펼쳐질 세상을 상상하며
이불 속으로 풍덩 몸을 덮었다

바깥세상의 아침은 조용하다
창문을 열어보니
하얀 전깃줄이 보인다
첫눈이 내렸다

일어나서 먼 하늘을 바라본다
세상을 하얗게 덮은
검은 구름이 저 멀리서 흩어지고

엉겨 붙은 군무를 추는 모습이
아직도 할 일이 남은 듯
걷힐 기미가 보이지 않는다

제7부 **먼 산에 안개 걷히고**

기다림
감자수제비
좋은 친구
초저녁달
어머니의 밥상
남당리 저녁
먼 산에 안개 걷히고
나비야 날자
편지
욕망
건조기가 필요해
행복한 시간
음식 철학
젊은 날
시작과 끝

기다림

그곳에 도착했을 때
눈이 부셨다
그래서 눈물이 났다

너를 만나기 위해
견고한 기다림과 인내
그런 시간의 결과이기 때문이다

너희 향기는
내 눈물을
닦아주고 스쳐 갔다

감자수제비

하얀 작은 들꽃들과
구름이 넘어가는 서쪽 산 비탈길
산등성이 먼 곳에서 푸른빛의 별들이
같이 넘어가는 곳은 나 어릴 때 고향 마을이다

그곳을 넘어가서
돌아오지 않는 친구도 있다
너무 일찍 넘어버렸다

어머니도 그곳을 넘으셨다
그러나 가끔 돌아오신다
내 마음 깊은 곳으로 잽싸게 오셨다
말없이 돌아가신다

나는 크게 소리 내어 불러본다
메아리만 무성할 뿐이다

그러나 잠시 후 덤덤해지고
평화로워질 것이기에
나는 감자수제비를 먹을 것이다

울 어머니는
감자 넣은 수제비를 잘 끓이셨다

좋은 친구

좋은 사람이 된다는 것은
아주 조그만 이야기도 들어주고

아주 작은 비밀도 묻어둔 채로
소중한 날들을 계속 지켜주고
좋은 친구가 되기 위한 노력이 있어야만
좋은 친구가 될 것입니다

그 사람에게 무엇인가를
기대하기보다는
내가 무엇이라도 줄 수 있는
그런 인연이었으면 좋겠습니다

서로 작은 비밀이 되어
가슴에 묻은 채로
좋은 나날이 계속되면 좋겠습니다

무언가
기대하기보다는
주어도 아깝지 않을
그런 인연이었으면 좋겠습니다

초저녁달

초저녁부터
내 방을 엿보던 달이
전봇대 그림자를 데리고
방 안으로 들어왔다

할 말이 있는 듯
내 방에서 서성거린다

샤워하고 나온
내 알몸 위를 더듬는다
그 사이 별빛들도 내려와
나에게 무등 태워 달라고 조른다

사랑이 궁핍한 나에게
사랑 노래를 불러 달라며
황성 옛터를 한 소절 부르다
또다시 흰 구름 가는 길을 부른다

멀리도 가까이도 아닌
저만큼에서
고향의 흙냄새가
손짓하며 나를 부른다

내 눈에 눈물이 핑 도는 것은
왜일까?
외로움일까?
많이도 그리운 밤이다

어머니의 밥상

처서가 지나고
모든 여름 식물은
마지막 꽃을 피운다

해가 저물기 전
노을처럼 꽃을 피우고
어머니는 밭에서
콩밭을 매신다

열무 한 소쿠리 이고
잰걸음으로 집으로 가신다
마음이 바쁜 어머니
머리 위 소쿠리는
어머니를 앞서 걸어간다

고무신이 벗겨져
발과 고무신은 따로 논다

초저녁 별빛처럼 반짝이는
내 새끼들 배 속에서
꼬로록 소리 나지 않을까
부지런히 밥을 안치고
후다닥 밥상을 차리신다

별빛 같은 새끼들
달그락달그락 쩝쩝 소리 내며
배가 볼록해진다

남당리 저녁

붉은 노을을 뒤로 하고
저녁나절 소낙비가 시끄럽게 내린다

졸지에 음울한 생각을 해본다
비밀스러운 비련의 사연을 꺼내본다

내일을 살아본 사람은 아무도 없었다
나는 내일을 살아볼 요량으로
그대를 상상해본다

소나기는 그치고 언제 그랬느냐는 듯
어둑한 바다에는 별빛이 뛰어다닌다
바다 저 멀리 산을 넘는 불빛도 보인다

내일을 살기 위한 몸부림을 친다
내일은 사랑하는 사람에게 맛난 것도
사주고 싶은 마음에 행복하기보다 설렌다

치직치직 거리는 압력솥에는
맛깔난 오리 보양탕이 끓는 소리가 요란하다

모두들 시선과 신경은 말복날
주방의 압력솥에 집중된다

그렇게 내일을 살아보려고
정신없이 에너지가 뿜어지는
뜨거운 국물을 후루룩 한 사발씩 마신다
힘이 났는지 목소리가 커진다

내일을 쫓아가 보니 내일은
그림자처럼 가까이 갈수록
더 멀어지고 없었다

또 한 번 폭삭 속은 기분으로
내 손에 잡힐 때까지 살아볼 참이다

먼 산에 안개 걷히고

수십 년간 걸어온 나
돌아보니 눈 깜짝할 사이
날이 저문다

비가 그친 먼 산에
안개도 걷히고
안개가 숲으로 숨은 것인지
숲이 안개를 품은 것인지
숲의 침묵은 짙은 색을 띠며 무거워진다

욕심 많은
작은 새는 아직도 길을 잃고
어둠 속으로 날아간다
안개가 길을 터준 어두운 숲속이었다

내일은
무지개를 볼 수 있을 것만 같은
결 고운 가벼운 바람이 불 것 같다

노을도
이제 자리를 뜬다
농부는 연장들을 주섬주섬
제자리에 두고 하루를 정리한다

나비야 날자

각자 색을 품은 꽃들 속에
나비 한 마리 얼굴을 묻고
흐느끼는지 속삭이는지
일어날 기미가 없다

작은 나비의 흔들리는 날개
내가 같이 울어야 할지
웃어줘야 할지 모른다

남몰래 흘려야 할 눈물이라면
나 또한 날개를 갖고 싶다

저 하늘 숨은 별에게 날아가서
기쁜 눈물인지 슬픈 눈물인지
아무도 알려주지 않는 눈물을
실컷 쏟아버리고 싶어진다

노랑나비 하얀 나비야
같이 날아가자
개망초꽃도 피고 금계국도 핀
아름다운 세상을
같이 훨훨 날자

편지

앞산에 둥근 형상이
밤새 펼쳐진 그림자를 걷어내고
흐릿해진 별빛의 눈동자를 쫓아버립니다

바람이 붑니다
달랑달랑 남은 은행잎들이
부드러운 찬바람에 휩싸여
오랫동안 생각하고 버티던 최후처럼
후두둑 떨어집니다

숭고한 운명의 고행처럼
낙엽 속의 그리운 비명 소리를 들으며
나뭇잎을 밟고 있습니다

잠시 짬을 내서 낙엽 쌓인 길을
그대가 있어 같이 걸어보는 것도
좋을 듯한 생각이 들어
이렇게 아침에 사랑하는
사람에게 편지를 씁니다

같이 걸어볼까요?
샹송 고엽을 들으면서…

욕망

실오라기
한 올도 걸치지 않은
가을 햇빛이 방으로 들어왔다

나는 어린 신부처럼
다소곳이 문지방을 넘는
가을 햇살을 보듬는다

갑자기 내 방이 환해지며
뜨거워집니다
나는 부끄러워지기 시작했다

뜨거운 나를 부둥켜안고
도둑괭이처럼 울부짖는 곳에
덜컹 내 안의 문들이
노크도 없이 자동으로 열리고

잠자고 있던
욕망들이
줄줄이 요동친다
내 몸에 온통 붉은 멍이 들었다

건조기가 필요해

미운 놈에게
떡 하나 더 준다고
세상이 엄청 미웠나 보다

국지성 호우로
성질 더럽게 퍼붓는다
마누라 눈치 보인다

빨래를 널어놓아도
마르지 않는다고 투덜거린다

세탁 건조기 하나 사줘야겠다
양말을 이틀씩 신은 것 같다

행복한 시간

가을이면,
하루 중에 잠깐
투명한 햇빛이 내 방을 방문합니다

가을에,
누리는 호사지요
또 주말입니다

가을의,
파란 하늘처럼 두근거리는
건강하고 행복한 시간입니다

음식 철학

인생을 제일 아름답게
사는 법은 소박함입니다

치장 없이 있는 그대로
내 모습 그대로일 때가 제일 아름답듯이
우리가 먹는 음식도
소박할 때가 재료의 색 풍미 등
각자가 갖고 있는 색 향 미가 있다고
생각합니다

세상에 제일 훌륭한 요리사는
음식을 못하는 사람들입니다

왜냐하면 이것저것 갖은 양념을
하지 못하는 사람들은 그 재료의
색 향 미를 고스란히 즐깁니다
이것을 맛없는 음식이라고 합니다

그러나 제일 잘하는 음식은
맛없는 소박한 음식입니다

젊은 날

누구에게나
꽃이 피던 날이 있다

젊은 날의 나를
다시 만나고 싶다

비에 젖고
찢긴 날도 있었다

꽃은 말이 없다
그저 피고 있을 뿐
과거나 내일이 아닌
지금을 향해 피어난다

사람은 내일에 산다
꽃은 오늘을 산다
그래서 꽃은 아름답고
소리 없이 향기롭다

시작과 끝

울면서 태어났지만
웃으면서 너를 맞이했다

두려워 말고
대범하게 살아라

떠날 때는
웃으며 떠났지만
보내는 사람은
울면서 아쉬워했다

에필로그_어머니께 바치는 헌시

어머니는 지금은 우주가 되셨다
늘 어머니의 행성이 공전하는 것을 본다

가을이면
맨드라미꽃이 어머니 미소로 나타난다
나는 그래도 느리게 귀환하신 그 미소를
붉은 맨드라미꽃에서 보게 된다

초여름 꽃상여 타고 노닐다
한줄기 소낙비가 내 눈물을 거두어 갈 때
남쪽 하늘 저 먼 곳에 무지개다리 타고
그 강을 건너가셨다

어머니를 우주에서 만난다
어머니의 온도와 온유가
오묘한 행성으로 나타나신다

어떨 때는 봄꽃을 타고 오시고
어떨 때는 하얀 연꽃을 타고
부드러운 미소로 이른 아침에 내게 오신다

나는 사무치는 그리움을
끊어진 현악기 줄에 이어 매고
그리움의 노래를 퉁겨보다가
또다시 끊어질세라
조심스레
붉은 맨드라미를 보는 것으로
행복해야 한다는 것을 알았다

2025년 시월 한가위를 앞두고
시인 淸雲 전 병 덕

초 판 인 쇄	2025년 09월 29일	
초 판 발 행	2025년 09월 30일	
지 은 이	전 병 덕	
발 행 처	다담출판기획 TEL : 02)701-0680	
	서울시 영등포구 영신로30길 14, 2층	
편 집 인	박 종 규	
등 록 일	2021년 9월 17일	
등 록 번 호	제2021-000156호	
I S B N	979-11-93838-58-7 03800	
가 격	18,000원	

본 책은 지은이의 지적재산이므로 무단전재와 복제를 금합니다.